Mario Stenz

Spuren des Augenblicks

Bibliographische Informationen der Deutschen Nationalbibliothek:

Die Deutsche Nationalbibliothek verzeichnet diese Publikation in der Deutschen Nationalbibliografie; detaillierte bibliografische Daten sind im Internet über http://dnb.dnb.de abrufbar.

Herstellung und Verlag:

BoD – Books on Demand, Norderstedt

ISBN: 9783754345467

Spuren des Augenblicks

Oder:

Haikus von der Hunderunde

-

Mario Stenz

Widmung:

Ineke, Zoë und Eddie

„Die Sicherheit der Natur hat ihren Grund darin, dass die Zeit für sie keine Bedeutung hat. Erst im Augenblick beginnt die Geschichte."

Sören Kierkegaard

Eben dieses den Tieren eigene, gänzliche Aufgehen in der Gegenwart trägt viel bei zu der Freude, die wir an unseren Haustieren haben: sie sind die personifizierte Gegenwart und machen uns gewissermaßen den Wert jeder unbeschwerten und ungetrübten Stunde fühlbar, während wir mit unseren Gedanken meistens über diese hinausgehen und sie unbeachtet lassen.

Arthur Schopenhauer

„Wenn man das All als All bejaht, ist das allein schon Zen. Zen ist nichts Besonders, nur Natur an sich, aber dort liegt das tiefste Geheimnis des Lebens."

Toshimitsu Hasumi

Inhalt

Vorwort

Dieser Gedichtband poetisiert keine Hunde im Allgemeinen, oder meinen Hund im Speziellen, wie der Untertitel vielleicht vermuten ließe. Es handelt vielmehr von bewussten Augenblicken. Der Untertitel gibt lediglich den Anlass der Entstehung des Gedichtbandes an: Ein Hund liebt und braucht Bewegung. Und die freudigste Art der Bewegung des Hundes sind zumeist Spaziergänge. Diese täglichen Spaziergänge, „die Hunderunden", sind nicht immer willkommen, da man schauen muss, wie man sie in den Alltag integriert, wenn man berufstätig ist.

Doch ich versuchte diese tierische Notwendigkeit in Kunst zu verwandeln: ich nahm die „Hunderunden" über ein Jahr, von Sommer zu Sommer, zum Anlass, meine Wahrnehmung und Aufmerksamkeit auf die kleinen Dinge und Vorgänge um mich und in mir zu lenken, ihre flüchtige Aktualität zu beachten und sie in Form des Haikus als lyrische Miniaturmalerei des Moments zu fassen.[1]

Jedoch sind nicht nur Haikus aus dem direkten Umkreis der „Hunderunden" entstanden, sondern es wurden auch Gedichte in den Band aufgenommen, die in anderen Situationen als der reinen Naturbetrachtung ihren Ursprung haben. Mit dieser thematischen Ausweitung brach ich an verschiedenen Stellen bewusst mit den Regeln des Haikus. Denn gemäß der literarischen Tradition sollen Haikus „Naturgegenstände erwähnen (...), es soll sich auf ein einmaliges Ereignis (...) beziehen; das Ereignis soll als gegenwärtig dargestellt

---

[1] Das „Coronajahr" 2020/2021, in dem dieser Gedichtband entstand, ermöglichte zwar ein unbekanntes Maß an Entschleunigung, aber jeder der einen Hund hält, wird wissen: auch der tägliche Spaziergang verlangsamt das Geschehen und enthebt einen aus der allgemeinen Geschäftigkeit des Alltags.

werden (...).“[2] Da die Natur und ihre Betrachtung nicht immer Thema sind, wird dem Gedichtband jedoch mehr Abwechslung und Farbe geschenkt.

Ferner habe ich jedem Haiku eine Überschrift beigefügt, die die Situation einrahmt bzw. eine hermeneutische Spannung erzeugen kann. Auch diese „Neuerung" entspricht nicht den Gepflogenheiten der Haiku-Dichtung.

An einigen Stellen wurde auch die konventionell geforderte Konkretheit des Haikus absichtlich umgangen, sodass sich einige Haikus durch einen eher abstrakt-poetischen oder aphoristischen Charakter auszeichnen. Diese Allgemeinheit ist in der langen Geschichte dieser Gedichtform ebenfalls nicht vorgesehen. Doch Traditionen sind auch dazu da, dass sie kreativ überholt werden, sonst wird es langweilig für jene, denen der Sinn nach Eigenem steht.

Jedoch, was die Kernstruktur des Haiku, nämlich seine Silben- und Zeilenvorgabe betrifft (5-7-5 Silben in drei Zeilen), so habe ich mich fast schon sklavisch an diese Maßgabe gehalten und in der vorgegebenen Struktur meine künstlerische Freiheit auszuleben versucht.

Kurzum: in diesem Gedichtband trifft östliche Tradition auf Moderne, in der die Aufmerksamkeit auf eine immense Bedeutsamkeit gelenkt wird: den erlebten Augenblick. Aber jeder erlebte Augenblick verbleibt im Kerker der subjektiven Wahrnehmung, wenn nicht zur Sprache gebracht und damit offenbar wird, was man wie sieht, schmeckt, fühlt und denkt. Und die hier verfassten Haikus sind Spiegel der stillen Gegenwart und Blitzlichter auf Momente, die meine Wahrnehmungen eröffnen, da ich den Eindrücken als Spuren, die der Moment in mir hinterließ, Sprache verlieh.

---

[2] Krusche, Dietrich: Haiku. Japanische Gedichte. DTV Verlag 2006, S. 116.

2

Haikus

Neuheiten

Der Weg weiß nichts vom
Ende. Wiederbegangen
erscheint auch er neu.

Zufall nach dem Regen

Der Wind schüttelt die
Regentropfen vom Blatt. Die
Schulter erfrischt es.

Orientierung

Die Wolken ziehen:
ob gen Ost oder West, -
der Weg scheint gleich.

Empathie

Ein Rotmilan nimmt -
seiner Sinne beglückt - ein
Bad im Himmel.

Spiegel

Die Fichten stehen
nackt, erbärmlich, einsam und -
sie spiegeln uns.

Begegnung

Ein Käfer kreuzt
zum Mittag meinen Weg: -
wo will er nur hin?

Sommerzeit

Ein Lotus im Teich,
weit geöffnet: wie im Traum
thront dort ein Buddha.

Vereinzelt

Ein Apfelbaum -
allein wie eine Insel
im See der Wiese.

Berührungspunkt

Ein Sonnenstrahl fällt
durch einen Spalt im Wipfel:
der Boden erblüht.

Reibung

Baum an Baum gelehnt
und der Wind dazu, erzeugen
im Wald ein Knarzen.

Sichtbarkeit

Ein Schmetterlingsflug:
der Widerstand der Luft
zeigt sich im Tanz.

Gewitter

Am Wegrand liegen
die Splitter einer Eiche: -
War´s ein Blitz bei Nacht?

Nahsinndaseinsbestätigung

Geruch von Kuhdung,
beißend, beweist im Gang: es
stinkt. Also: ich bin!

Schauspiel

Ein Gedanke folgt
auf den anderen und ich
schaue ihnen zu.

Radikale Feldforschung

Ich folge der Wut
zur Erleichterung bis zu
den Wurzeln hinab.

Anzeiger

Der Grashalm, der sich
dem Gewicht des Winds beugt,
zeigt Ursachen auf.

Innenwelt

Einen Gedanken,
den ich beobachte, ist
innen auch Objekt.

Schattenperspektive

Sonne im Zenit:
Hitze mit erdrückender
Leichtigkeit umher.

Aufwachen

Morgensonne, mild:
Mein Erwachen in den Tag
vollzieht sich heute sanft.

Glück

Vierblättriger Klee:
ich fand keinen und brauche
ihn zum Glück auch nicht.

Klima

Erst Augustmitte:
Welke Blätter auf dem Weg,-
Zeugen der Dürre?

Hund

Lautes Kommando,
keine Reaktion: der Trieb
toppt das Gehorchen.

Entfernung

Damwild am Waldrand:
Eine Miniaturwelt
auf Distanz geseh`n.

Pause

Zwischen Wahrnehmung
und Urteil gibt es Abstand -
im Innehalten.

Betreten

Reifenabdrücke:
es war im Wald nicht immer
so still wie jetzt.

Doppelwelt

Blick auf den Weiher:
stilles Gewässer spiegelt
den Himmel hinauf.

Kühle

Heiße Sommernacht:
durchs offene Fenster streift
Wind über die Stirn.

Vermutung

Zwei Krähen schreien.
Sie reden mit einander,
wie wir es denken.

Empfänglichkeit

Trockene Erde,
die den Regen empfängt. -
Willkommensnatur

Nur Erscheinung

Die „Wiese" erscheint, -
doch was sie letztlich nackt ist,
das wüsste ich gern.

Am Schotterweg

Eine Wegwarte
im Kontrast zum Grau: Schotter
mit Farbe beschenkt.

24.08.

Wind in den Pappeln:
    das Rauschen lässt erinnern -
        ein Tag am Meer.

Reife

    Ein Apfelbaum, reif, -
    Äste hängen in die See:
    Hochzeit der Ernte.

Wandel

Die ersten Stürme, -
Sonnenstunden im Abschied:
Herbst kündigt sich an.

Werdegang

Blüten am Wegrand,
die welken Blätter umher, -
der Lauf der Dinge.

Das Namenlose

Es, ein Geheimnis:
Wir geben ihm nur Namen
als ein Teil von ihm.

Erinnerung

Form fällt ins Auge.
Ich hebe einen Stein auf, -
und denke ans Glück.

Langsamkeit

Feldweg: Windstille,-
Es scheint als fände die Zeit
auch ein wenig Ruh.

Rhythmus

Schritte auf Schotter,
Steine knirschen betreten -
die Musik des Gangs.

In der Früh

Morgenröte, und
der Geruch von Regen auf
trocknendem Asphalt.

Wunder

Sterne im Dunkel.
Sie scheinen wie immer, doch
der Mund steht offen.

Neuigkeiten

Der Klang der Glocken:
die alte Ordnung läutet
zum neuen Mittag.

Zeitenwende

Später Nachmittag,
die Kühle legt sich auf´s Gras.
Geruch des Herbstes.

Wacht

Im Baumwipfel sitzt
ein Greifvogel, rufend, mit
dem Blick ins Weite.

Maß

Woran bemisst sich
der Geschmack des Gedankens?
Ist die Zunge blind?

Koan

Trockener Regen und
Macht wie ein Sturm, der keine
Bäume bewegt.

Raum

Die Wolken schwinden, -
blauer Himmel und Schatten,
Raum entsteht im Licht.

Natur

Höhenflug und Trieb:
Aufwind und drei Greifvögel
die kreisend spähen.

Frage

Welche Farbe hat
der Wind und wie bist du, wenn
dich niemand sieht?

Verbundenheit

Tau auf einem Blatt,
der Wolken und Meer verbindet.
Er ruht im Wandel.

Weinlese

Spätsommer: Sonne
auf den Blättern der Rebe,
hängende Süße.

Schweigen

Zur Abendandacht:
Ein Schwarm Krähen. Kein Schrei
durchbricht die Stille.

Beisammensein

Zeit miteinander
im Kreis der Familie:
Mutter ruft zu Tisch.

Licht

Licht der Stirnlampe,
Wind rüttelt an den Wänden -
Erschlossen der Sinn.

Leben

Auf trock´nem Feldweg:
Heitere Schritte im Staub -
Spiegel der Tage.

Loslassen

Am Ich festhalten? -
Ob ein Tropfen, der ins Meer
fällt auch Angst verspürt?

Verspätung

Die Abendröte
zwischen den hohen Häusern.
          Der Rest: ungeseh´n.

Struktur und Offenheit

Weckergeläut:
Wände und neue Wolken -
im Augenaufschlag.

Dasein

Die Nacht, -
am Anfang wie am Ende,
Farben dazwischen.

Himbeeren

Beeren am Geäst.
Die Früchte reichen bis in
die Kindheit zurück.

Dialog

Morgenspaziergang:
ich allein - im Gespräch,
mit meinem Schatten.

Relation

Der Mond im Blau
am Rand der Milchstraße.
Meine Nase juckt.

Vielfalt

Steingärten -
Monotonieräume:
Wüste ist en vogue.

Haltung

Gelassenheit als
Bejahung. Bejahung als
Akt der Freude.

Anker

Die Menschenmenge.
Stimmengewirr, doch im Kopf,
eine Melodie.

Gleichnis

Unser Leben: ein
Fragment des Endlosen, ein
Splitter der Natur.

Impressionismus

Eindruck der Wälder,
ferne Farbtöne in Grün, -
Monet mit Grüßen.

Waldwüste

Erdrückter Atem.
Eine Wüste im Forst,
wo einst ein Wald war.

Zertreten

Die Warenwelt: Ein
riesiger Fußabdruck auf
gebückter Erde.

Urkraft

Ein Ochse, schnaubend,
und nur die Dicke des Drahts,
die uns trennt.

Muße

Augenblicksgenuss:
Ruhende Wiederkäuer,
die Zeit zermahlen.

Versammlung

Morgensonne, mild,
der spitze Schrei des Falken
unweit des Bachlaufs.

Folgefolgen

Holz wurde Asche,
Asche wird zur Erde. Aus
Erde wächst der Baum.

Anregung

Weg am Bach entlang:
Der Mensch, ein Schilfrohr, das denkt.
Andacht an Pascal.

Verwurzelung

Ein einsamer Baum,
auf dem Feld. Doch er wurzelt
im Haus der Erde.

Zusammenkunft

Die Abendröte
hinter den Hügeln, und der
Geruch von Ähren.

Herrenabend

Worte, Kerzenlicht,
das Antlitz der Freunde und
Wind in den Bäumen.

Ablenkung

In Gedanken sein:
Blüten bleiben ungesehen,
verdrängt der Atem.

Ausgleich

Sonne im Rücken
wirft einen Schatten voraus.
Nichts bleibt sich je gleich.

Bejahung

Motorenlärm dringt
      über die Wälder, doch die
            Stille liegt in mir.

Perlen

Morgensonne: Es
funkelt Tau auf den Gräsern
wie Perlen im Meer.

Kontaktstellen

Die Sinne binden
ans Sein. Sprache verbindet
die Menschen mit Sinn.

Einsatz

Liebe, - nichts Leichtes,
aber groß genug, dass man
mit Mut dafür kämpft.

Blumenkelch

Ein Universum
entblättert sein Alphabet
nah bei den Dingen.

Wendepunkte

Septemberabend
und ein Gefühl des Abschieds
blickt ins Abendrot.

Aufklärung

Weisheit des Instinkts:
Eine Fliege im Dunkel,
die sich nach Licht sehnt.

Tagnachtneige

Länger die Nacht,
und auch mich ummantelt schon
ein Leib aus Sternen.

Endloses

Totholz das Leben
schenkt. Nichts ist von Dauer, doch
Werden scheint endlos.

Resilienz

Eine Blume wächst
zwischen Gestein: Sie findet
ihren Weg zum Licht.

Wirksamkeit

Wie ein Leben fällt
ein Blatt in den Fluss und zieht
kurz seine Kreise.

Waldgang

Wind im Laubwald und
ich atme im Rauschen wie
geborgen am Meer.

Ausblick

Kurze Tage. Die
Sterne rücken näher wie
die Stille im Schnee.

Himmel

Ein Tag in Blau mit
Gewölk, majestätisch, wie
Gebirg', das wandert.

Übergang

Sonne auf der See
und der September feiert
in Gold den Wandel.

Indikator

Ich bin ihr Glück? Nun,
wenn dem so ist, dann wird ihr
Lächeln Zeugnis sein.

Dürre

Am Himmel kündigt
sich Regen an. Der Staub der
Erde zeigt Bedarf.

Im Vorbeigehen

Ein erstes Blatt auf
dem Weg, groß, rotglühend, als
Flamme des Herbstes.

Herbststunde

Mond zwischen Wolken,
und Wind, der Kirschbaumblätter
in die Herbstnacht trägt.

Stimmung

Der Regen fällt mit
Tränen in der Musik.
Die Freude ist groß.

Unverbunden

Stille im Wald.
Ein Anruf. Entschuldigt: Es
ist niemand zu Haus`.

Schleierhaft

Der Tag: grau in grau.
Doch in mir und jenseits der
Wolken liegt Weite.

Bleibendes

Der Herbstnebel nimmt
die Sicht. Doch mir bleibt ein Stein
im Schuh und der Atem.

Welt in weißgrau

Vernebelter Wald,
dazwischen Schwäne auf der See
im Regen der Zeit.

Herbstmondnacht

Silberne Dächer,
schön wie üblich, wenn der Mond
seines Weges geht.

Scheue Schönheit

Krähen in totem
Geäst. Doch vor einem Bild
fliegen alle fort.

Lichtblick

Der Wind baut Gebirg`
aus Wolken, durch das heilig
die Sonne grüßt.

Frischluft

Regen endet, die
Sonne ruft: „Komm! Raus aufs Rad
in den Matsch spielen."

Adams Assoziation

Äpfel in Fülle:
Der Garten bringt Bilder ans
Paradies mit sich.

C.D. Friedrich

Der Mönch am Meer,
am Horizont mit Blicken
ins Unbegrenzte.

Dankbarkeit

Regen, die Kette
klirrt im Wind: - ein Zuhause,
ein Geschenk bei Nacht.

Weg

Der belaubte Weg,
ein Laufsteg der Farben zur
Stunde des Wandels.

Supermarktoptionsparalyse

So viel Wein! Doch ich
weiß bei der Fülle kaum noch
was ich kaufen soll.

Lebenskunst

Nass bis auf die Haut,
aber ein Tanz im Regen
gehört mit zur Kunst.

Aufhellung

Sonne nach langem
Regen und das Tal erstrahlt
im Frieden des Lichts.

Pflugschar

Der Bauer öffnet
den Acker zur Empfängnis
der Saat des Himmels.

Herbstboten

Kalter Morgen und
die Kraniche sammeln sich
im Keil zur Heimkehr.

Leitungsfrage

Instinkte und der
Motte das Licht bei Nacht. -
Doch was leitet mich?

Herbstregentag

Goldlaub im Rinnstein:
ein Abbild der Sonne liegt
gelbleuchtend im Schmutz.

Stimmung

Der Herbst, ein Fest der
Farben, ein Frühling mit dem
Geschmack des Abschieds.

Achtsam abseits der Wege

Im Wald querfeldein
wandern verlangt Wachsamkeit: -
noch gibt´s keinen Weg.

Geräusche am Waldrand

Vogelgeschrei,
Kindergeschrei: was lebt, liebt
es, sich zu zeigen.

Farbeindrücke

Das Panorama
der Wälder im Herbst, schön wie
ein Farbtraum Van Goghs.

Schenkung

Lichtspiel der Sonne
im Feld und reife Früchte
als Gabe der Zeit.

Gesteinsgeschichten

Schichten des Schiefers,
ein Buch der Erde aus der
das Schweigen erzählt.

Ausoniusstein (Mosel)

Der Fluss, als Spiegel
des Himmels, bewegt sich in
die Arme der See.

Zur Heimkehr

Ihr Blick: anders, aus
Stein. Und die Umarmung spricht
in Tränen vom Tod.

Nur 46 Jahre

Leben wirkt grausam:
sie war gütig, voll Sanftmut
und verlässt uns zu jung.

Ihr Glück: abgewürgt -
Der Krebs trägt ihre Träume
weinend zu Grabe.

Was bleibt? Drei
Kinder, Bilder und eine
schenkende Geste.

Regenspaziergang

Herbsttag. Hand in Hand
und im Gespräch mit ihr scheint
auch der Regen schön.

Außenkino

Stillstand umher und
Wind diesseits der Scheibe, den
sie nun nie mehr vernimmt.

Laubweg

Der Weg, laubbedeckt; -
jeder Schritt raschelt schön wie
ein Gang durch Papier.

Entkleidet

Ein Sturm entblößt die
Bäume und zurück bleibt die
Sehnsucht der Wälder.

Wärme

Ein frostkalter Tag,
doch Sonne wärmt wie eine
Umarmung des Alls.

Idylle

Abendstimmung: ein
    erster Stern, die Stille und
        Schwäne auf der See.

Lockere Leine

Jeder Hund hört gut,
wenn man ihn nicht ruft. So denn
dosiert das Schweigen.

Nebelmorgen

Die Sonne steigt: Der
Nebel zieht sich zurück und
gibt die Felder frei.

Augenschein

Staaten wählen, doch
dieses rote Blatt am Ast
ringt um seinen Halt.

Aufruhr

Lautes Gezwitscher
im Busch: Was die Spatzen da
wohl debattieren?

Karma-Gassi

Das Glück des Hundes,
wenn es vor die Tür geht, zeigt
eine gute Tat.

Gelassenheit

Wer eins mit allem
sein will, der muss werden,
ohne zu wollen.

Universalbeleuchtung

Das Eine? - Licht
offenbart in jedem
tanzenden Atom.

In der Küche

Ich sang, lachte - und
sehe wieder: manch Moment
wiegt tauschwer wie Luft.

Fernrohr der Freiheit

Kurzweilig genügt
Nacht und Musik durch die ich
übers Meer blicke.

Andacht im Wald

Ich atme. Für mehr
Gebete sehe ich jetzt
keinen Bedarf.

Entschärft

Im Nebel verliert
der Wald die Konturen wie
ein Satz ohne Schliff.

Sackgasse

Nur Konsum beglückt!? –
Wer so denkt, betritt einen
Weg ohne Ende.

Tanzende Bäume

Wüsste ich nicht, dass
der Wind die Äste bewegt
so schien es magisch.

Heiliger Zufall

Distanz zur Sonne:
noch ein Wunder der Passung,
das Leben schafft.

Ästhetik

Die Schönheit zerteilt.
eine Stromtrasse durchfurcht
die Landschaft als Pflug.

Trost

Staub in der Urne
und Sonne wandert tröstend
zwischen den Zweigen.

Restverwaltung

Ein Name in Stein,
und moosbedeckt das Datum
über den Knochen.

Immer weiter

Eben noch am Grab,
nun schon kaufe ich Wasser. -
Leben geht weiter.

Aufwertung

Nach dem Blick in den
Abgrund, strahlt das Abendblau
in neuem Zauber.

Abbild

Dass Rosen Dornen
tragen, sagt viel über die
Tage der Liebe.

Durchgang

Ein Torbogen aus
gold`nen Blättern: unter ihm
führt ein Weg nach Haus`

Kipppunkt

Freispiel, - doch plötzlich
zeigt die Beißwut der Natur
sich als Fratze.

Herbstzenit

Herbst in der Hochzeit:
Grauzonen und Wind, der
Blätterregen bringt.

Verlangsamung

Ich will doch bloß
den Augenblick halten, - nur:
wie bremst man die Zeit?

Nachtbild

Mondlicht in der
Pfütze und in der Stille
weitet sich die Nacht.

Septemberabendmimikry

Er ist gut getarnt,
der Halbmond, milchweiß, zwischen
drei Abendwolken.

Ernte

Die Blätter fallen,
Erinnerungen bleiben. -
Wie fast jedes Jahr.

Einstellung

Krähe gegen den
Wind: ihr Flug gleicht einem Spiel
mit der Schwere.

Heiteres

Ein grauer Herbsttag,
doch der bunte Gesang der
Vögel sagt mir zu.

Spruch für die Tonne

Erst wenn alles
im Eimer ist, dann scheint
alles in Ordnung.

Fernmitgefühl

Aus der Ferne tönt
ein Schuss. Ich sehe wie zwei
Augen sich schließen.

Rodungskampf

Ein Wettrennen im
Wald: zwei Motorsägen
schreien sich heiser.

Herbstrestwärme

Eine Schar Spatzen
badet eng aufgereiht
im Abendrot.

Zwischen den Wolken

Ich bringe Müll raus, -
der Mond schaut einer Wolke
über die Schulter.

Alterserscheinung

Meine Falten?
Baumzeichen: Jahresringe
gelebten Lebens.

Alchemie des Schlafs

Lider wie Blei, doch
der Schlaf verwandelt täglich
Müdigkeit in Gold.

Vergänglichkeit

Der Herbstgarten, - ein
Requiem des Sommers mit
Farbtönen in Moll.

Sparflamme

Orangeleuchtend und
unbewegt, treiben die Kois
am Grund des Teichs.

Morgenstunde

Tau, der am Halm der
Gräser hängt, spiegelt
in Träumen das Meer.

Bereitschaft

Bäume im Nebel,
karg und still, bereit für die
Ruhe des Winters.

Umkreis

Im Nebel verliert
sich der Wald. Nur der Ort der
Lichtung bleibt offen.

Erstkaffee

Schreibtischarbeit mit
Fensterblick: Bekanntes neu. -
Meine Welt ist noch da.

Farben

Restlicht, das schüchtern
in den Wald fallt, geleitet
die Nacht zur Geburt.

Kra ha kra ha..

Genau vernommen,
krächzen Krähen nicht: ihr Ruf
gleicht einem Lachen.

Radrunde

In der Dämmerung:
Krähen und Mond über mir,
die Beine brennen.

Garteninventur

Bank, Hängematte,
Feuerstelle… – ab Herbst: Zeug
im Ruhestand auf Zeit.

Küche

Wein und Musik:
Sie schläft, doch ein paar Lieder
stehen noch aus.

Luzidität

Schatten des Vollmonds
auf dem Weg, Sterne leuchten
stumm in der Kälte.

Restzeit

Erste Notizen
als Ruhe einkehrt. Die Nacht-
eine Werkstätte.

Allein

Im Innersten, ein
Zugang zum Einen, das sich
in allem findet.

Verlust

Das große Ziel? Seht
es auch den Sternen nach,
dass sie erlöschen.

Konzentration

Das Fenster der Früh:
ein Ausblick der Sammlung vor
dem Werk der Hände.

Witterung

Die Wolken wandern
tief und in der Luft hängt der
Geschmack von Schnee.

Theorie

Ich schaue hinaus
und verliere mich in der
Betrachtung der Flocken.

Verwunderung

Bei Licht besehen: dies
Dasein und jede Blume -
ein Wunder für mich.

Reigen der Unschuld

Unberührt umgibt
das schneebedeckte Feld die
Aura der Reinheit.

Friedlichkeit

Der verschneite Weg
ohne menschliche Spuren
bezeugt noch Unschuld.

Lachen

Am Morgen spielen
Kinder im Schnee. Der Tag scheint
schon fast gelungen.

Bedächtige Stille

Schnee fällt leiser als
Regen, doch wird auch in ihm
etwas Schwermut laut.

Realistik

Es ist nur Schnee:
Morgen wird er Matsch und dann
schon geschehen sein.

Schöner Herbsttag

Ein Himmel, meerblau, -
mit etwas Gewölk überm
Weg Richtung Sonne.

Aufmerksamkeitsmagnet

Schmerz im linken Knie:
bei jedem Schritt ein kleiner
Existenzvermerk.

In der Früh

Ich mit mir auf dem
Feldweg, in einer Welt, die
noch Tau trägt.

Das ausgeschlossene Dritte

Zwei Krähen und ein
Falke im Anflug. Ist es
Streit oder noch Spiel?

Türöffner

Dauerregen - und
mein Blick nach draußen lädt die
Melancholie ein.

Gleichnis

Aus der Nacht zur Nacht:
Ein Leben als Arbeitstag vom
Dunkel zum Dunkel.

Richtung

Was du liebst, dorthin
wachse: Dein Ziel will dein Glück
und dir Sonne sein.

Zeitgeist

Schmerzmittel, um auf
dem Laufenden zu bleiben. -
Getriebene Zeit.

Hausnatur

Ein Haustier erdet.
Es zeigt, dass am Ende kein
Zaun die Wildnis zähmt.

Moseltalhöhe

Die kleine Eiche
im Schiefer, wächst im Wind des
Burgschattens auf.

Neues Licht?

Wer liebt, der leidet? -
Wenn´s stimmt, welch Licht wirft dies
auf die Verheißung?

Abendfülle

Gespräche am Feuer,
Sterne, Rausch, Musik und auch
Freunde als Wurzeln.

Nährstoffe

Schenk` ihnen Liebe:
sie wachsen. Verteile Hass
und jeder geht ein.

Neue Blickwinkel

Altes anders seh`n? -
Schon ein neuer Feldweg schenkt
den Augen Frische.

Mach` Wünsche...

Ich sprach Wünsche in
den Wind und der Wind formt
aus Worten ein Werk.

Weihnachtszeit

Einsam die Straße
und der Mond ruht zwischen den
Ästen der Eiche.

Wintersonnenwende

Die längste Nacht, - doch
die Wende zum Wachstum des
Lichts schenkt Hoffnung.

Mitgefühlsgrenze

Wie sie fühlt kann ich
nie wissen. Worte reizen
nur die Phantasie.

Schneeschwäne

Schwäne im Schnee und
der Himmel überm Wasser:
ein Bett aus Wolken.

Archaische Architektur

Der Wald im Winter,
eine Kathedrale, - karg,
doch lichtdurchflutet.

Würgegriff

Die Sorge, - ein Strick,
die dem Augenblick, die
Luft zum Atmen nimmt.

Lichtblicke

Die Ankunft der Nacht.
Doch was darin leuchten lernt
birgt Licht für die Zeit.

Winterlockdown

Raus ins Blaue -
die frische Luft knallt drallgeil
wie eine Droge.

Relationen

Wie die Fliege
im Raum: der Mensch, ein Floh
im Universum.

Verschlossenes

Was mein Hund wohl riecht,
wenn er wie irr dem Reiz
einer Fährte folgt?

Flugphantasie

Was wohl die Krähe
fühlt, wenn sie vom Mast flugauf
in die Luft springt?

Empfindsamkeiten

Ein Wurm, vom Spaten
zerteilt, windet sich gewiss
nicht vor jähem Glück.

Zähe Zeit

Ihr Bäume, kommt euch
der Winter durch die Kälte
auch so bös´ lang vor?

Details

Der Rundweg wäre
wieder gleich, für den, der es
nicht so genau nimmt.

Hemmung

Wer in Panik gerät,
der packt meist nichts mehr an: Angst
ist, was hemmt.

Fallfarbe

Der Hund zog, sie lief,
fiel, schrie und ihre Knie
blühen pflaumenblau.

Haltung

Kinder spielen zur
Zeit. Glücklich ist, wer ihnen
in der Arbeit gleicht.

Askese

Das Lachen üben:
Ein heller Grundton, der im
Abgrund Sonne wirft.

Bodenfluchtperspektive im Wald

Der Blick hinauf:
nackte Bäume, die strebend
ins Blaue sehnen.

Fluss

Die Leerheit als
beständige Erlösung
da nichts ist, was h
ä
l
t.

Überreste

Vom Schnee bleibt nicht viel:
Nur Erinnerungen und
Nahrung für die See.

Auszeit

Füße hochlegen,
Musik mit Fensterblick:
Müßiggang als Glück.

Wintertag

Im Wald: einsam und
schön. Erster Vogelgesang
erzählt vom Frühling.

Nackt

Ein Dezembertag
wie ein kurzer Sommer,
nur kälter und kahl.

Bäume mit Charakter

Die Bäume: - im Wuchs
eigen und im Ansehen
eines Namens wert.

Redseliger Wind

Spät in der Nacht:
Stille im Haus. - Herrscht Schweigen?
Der Wind verneint es.

Stromschnelle

Schmelzwasser im Bach:
die Fluten als steter Strom
runden den Stein.

Maxime

Reich und frei ist, wer
viel in sich findet und mit
wenig Zeug froh wird.

Menschliche Begegnung

Es war wie jetzt, im
Winter: da traf ich Nietzsche
in einem Buch.

Alabasterfiguren als Deko

Schopenhauer staunt
nicht schlecht: der nackte Rücken
der Venus lockt.

Klarer Wintersonnentag

Klirrende Kälte,
doch die Luft: klar, - freier Blick
über die Felder.

Relativität

Weit und weiß, doch schwer
    für den Hunger der Krähen:
        die Härte des Schnees.

Stimmung

    Winter! - aber sie
    findet mich in der Küche -
    tanzend vor Glück.

Alleinsein

Schnee spiegelt den Mond:
Das Schweigen genieße ich
dazwischen allein.

Disposition

Winternachtstille,
vor der sich ängstigt, - wer
sich noch nicht fand.

Resilienz

Erst im Winter zeigt
sich, wer einen ewigen
Sommer in sich trägt.

Lockdown

Fensterloser Tag:
kein Rauskommen. Ich suche
das Weite - in mir.

Sonne besehen

Rundgang mit Tochter
nach langem Regen: Frühling
im Anflug, mein Kind.

Deep-Fake-Selbstvergewisserung

Ich kann fast nicht mehr
glauben, was ich seh´, außer
dass ich es bin, der sieht!?

Winterschlaf

Falltiefe Kälte,
Laub vereist am Boden und
der Wald steht still.

Mehr als das Hier?

Haikus sind gut für
den Moment, doch fast zu kurz
für mehr als das Hier.

Späte Winterrunde

Abenddämmerung:
Baumkronen im Restrot und
ein Weg, der auffrischt.

Aufbruch

Der Boden aus Eis,
doch dieses Schneeglöckchen
zeigt Mut zur Blüte.

Zeitenwende

Kraniche kehren
heim. Von der Wiese flieht der
Schatten des Winters.

Februar

Ein Tag: lichtdurchströmt.
Der Gesang der Vögel stimmt
mit ins Blau ein.

Laubkleid

Die Bäume: noch nackt, -
doch die Sonne webt schon an
ihren Geschenken.

Stillleben

Durchs Fenster besehen
steigt der Mond still zur Musik
zwischen den Zweigen.

Sonnenuntergang

Der See, glatt wie
ein Spiegel, in dem sich
die Sonne beschaut.

Regenbogen

Wolken und Sturm,
Sonne und Regen vereint:
Aprillaune des Märzens.

Offenbarte Intuitionen

Als Gekritzel auf
Papier, nimmt ein Gedanke
erste Gestalt an.

Wald im Sturm

Wald im Wintersturm:
   wie das Meer in der Brandung, -
      nur mit Bruchgefahr.

Wirklichkeiten

Geist gleicht dem Wind:
Er wird nur sichtbar, in dem
was er bewirkt.

Lebendiges Stillleben

Zwischen die Stämme
fällt Licht. Das Laub glänzt am Weg
in die Stille auf.

Abgeschieden

Keine „News", keine
Bilder, dafür Sonne, die
auf nasses Gras scheint.

Explosionsbereit

Drei Tage Sonne,
die Knospen stehen stramm
vor dem Erwachen.

Auf Wiedersehen

Zum Tagesbeginn
senkt sich der Halbmond leise
hinter den Giebeln.

Aufzählung des Wunders

Sterne als Zeichen
des Wunders. – Liebe gehört
dazu, - und was noch?...

Am Waldrand

Märznacht und durchs
gekippte Fenster dringt das
Bellen der Füchse.

Aufblühen

Die Sonne steigt lang:
mit ihr beginnt der Tag der
Erde zu tanzen.

Rückschlag

Schnee im April:
die Stirn im Wind blickt zur Blüte, -
sie bekleidet Frost.

Fensterblick

Windstiller Morgen,
in dessen Zwielicht noch grau
der Garten ruht.

Überleben

Ein Tier zu halten,
hilft die erste Weisheit der
Natur zu sehen.

Gebrochene Hoffnung

Die Tage werden
wieder länger - doch letztlich
sind sie gezählt.

Vulnerabilität der Form

Wolken wie Schleier,
vereinzelt, federleicht und
so leicht verletzlich.

Flussform

Wolke ist Wolke,
Quelle, Fluss und auch das Meer
nach dem Maß der Zeit.

Vorübergehend

Die Kirchblüte im
Zenit. Welch` Poesie als
Stufe zum Sommer.

Perspektivisches Ende April

Saatkrähen suchen
nach Krummen ihres Glücks-
im schon trock´nen Feld.

Reiseverbot

Nur blauer Himmel? -
Heute erwachte ich mit
der Sehnsucht nach Meer.

Lebenslust im Frühling

Licht, Blumen, neue
Farben: jährlich frisch, kehrt
die Verliebtheit heim.

Details

Wer das Ganze denkt,
der sieht selten das Große
im Flug der Schwalbe.

Frühling

Frühlingsabend, mild.
Wind streift die Haut leicht, schon bunt
blühen die Gärten.

Muße

Tagesrestzeit mit
Musik. Unweit im Blick: das
Tanzen der Sterne.

Zwischenzeit

Lange ging ich den
Weg nicht mehr: doch was karg war
strahlt nun in Fülle.

Kontraste

Felder, sonnengelb:
Die Rapsblüte grenzt bis fern
ans graue Gewölk.

Offenbarung

Über die Ähren
streicht der Wind frei. Er zeigt sich
in Wogen wie Meer.

Bereinigte Schwächen

Ein Sturm tobt - er prüft
Halt und Stärke der Bäume
auf offenem Feld.

Freigabe

Die Pusteblume,
sturmgezeichnet, mit Lücken,
die Wachstum schenken.

Opfergesang

Der Ruf des Kuckucks,
selten und schön. - Wer flog wohl
für ihn aus dem Nest?

Aufbruchstimmung

Sonne, der Geruch
von Grillgut in den Straßen:
der Sommer spielt auf.

Gespräch

Wir sprechen Bände
unter den Sternen: denn das
Schweigen trägt sich aus.

Meditation

Der Blick ins Feuer:
ruhend in der Bewegung
atmet sein Hunger.

Sommerregenstimmung

Der Regen? Freuden-
tränen des Himmels, die die
Erde beleben.

Waldbad

Die Angst geht um, doch
abseits im Wald zu denken,
hält den Sinn frei.

Zu den Gründen

Am Grashalm entlang:
der Blick hinab zur Suche
als Neigung, die trägt.

Sommerflimmern

Der Asphalt spiegelt
das Abendrot; im Licht
tanzen die Fliegen.

Perspektive

Das Gras weht kniehoch:
Türme für die Blicke hinauf
aus dem Erdreich.

Die hässliche Distel

Blüten und Dornen
hat auch sie: doch als Bild der
Liebe taugt sie nicht.

Benommenheit

Ein Spatz in der Hand, -
weich und betäubt: Die Scheibe
war eine Grenze.

Kontraste

Was wüsste ich vom
Aufbruch des Frühlings, wenn
der Herbst nicht wär`?

Was wüsste ich vom
Mittag des Sommers, wenn es
die Kälte nicht gäb`?

Erfahrungswert

Auf dem Holzweg sein? -
Besser als den Ruin des
Stillstands zu pflegen.

Restbestand

Musik klingt aus.
Stille, - die Sterne schweigen,
doch die Schönheit bleibt.

Warten

Ein Platz im Wald, mit
einem Buch im Schatten, - den
Rücken kühlt der Wind.

Kindheit

Geschnittenes Heu
am Wegrand: ein Geruch, der
ans Spiel erinnert.

Zeitverschiebung

Hitze lähmt. Schatten
schenkt Leichte. Erst am Abend
wird mein Tag wach.

Frische

Sommerregen auf
der Haut. Am Horizont spricht
sich Sehnsucht aus.

Reichtum

Sommer, - Fülle der
Sinne, Zeit der Farben und
Schönheit, die nackt geht.

Sommersonnenwende

Der längste Tag:
Doch unfeierlich bewölkt
vergeht der Wandel.

Lagerfeuer

Holzscheit für Holzscheit:
das Feuer tanzt frei auf, zu
Sternen und Musik.

Muse

Es regnet jäh. - Und
zum Blick ins Buch bellt der Hund
in seinen Träumen.

Scheibenspiegel

Im Fenster treffen
sich der Wohnraum und die Nacht.
Innen steht's offen.

Julimitte

Welke Kirschblätter
im Garten. – Wie nun? Soll's das
schon gewesen sein?

Armbanduhr

Die Uhr ablegen; -
kettenlösend wird die Zeit
wieder zum Gefühl.

Eintagsfliege

Du! Da! - in deinem
Haus im Moment für Jahre! -
Ein Tag des Reichtums?

Anregung

Hitziges Gespräch
bei Tisch zum Zeitgeschehen. -
Der Kaffee wird kalt.

Social Distancing

Es braucht Stille, um
auch bei sich zu bleiben?
Abstand tut da gut.

Ausbeute

Ein Rotweinkranz
und drei Mondscheinnotizen:
Sommernachtsspuren.

Befreiung

Wenn immer alles
wird, dann bleibt am Ende Nichts.
Das löst die Ketten.

Freundschaftstreffen

Vollmondnacht am Berg:
Das Tal schläft und im Feuer
Lieder der Jugend.

Koexistenz auf der Terrasse

Die Taube auf dem
Dach und ich – wir teilen uns
friedlich den Raum.

Spätjulinebel

Die Sonne sinkt und
über den Wiesen hängt schon
ein Hauch von Herbst.

Beschaulichkeit

Ich hänge ab und
bestaune ein Bilderbuch
in den Wolken.

Meinungen

Dies Stimmengewirr!
Um sich zu hören bedarf`s
der langen Stille.

Kleine Gesellschaft

Der Flohmarkt, ein
Spiegel: auch sonst sind Menschen
begierig – und bunt!

Blumenfeld

Sonnenblumen mit
Blick gen Ost: Empfängerin
der Morgenröte.

Langsamkeit

Mit Zeit sieht man mehr,
den weißen Stein etwa und
die Blume im Staub.

Sog

Freude der Fülle:
Fühle ich mich leer, dann strömt
der Augenblick ein.

Angsttrigger im Wald?

Sirenenalarm! -
Die Nachkriegsgeneration
kennt den Krieg nicht mehr.

Abschalten

Ein Geniestreich ist:
die Stille zu erfinden,
wenn sie umher fehlt.

Umgebung

Kleine Wellen auf
dem Weiher. Ein Falke
entsteigt den Zweigen.

Auf geht´s

Rucksack im Hausflur:
Ins Erlebnisdekor mischt
sich Aufbruchstimmung.

Der Moment

Ich stehe nach
langer Zeit wieder vorm Meer -
Ewigkeit atmet.

Strandtag

Sonne und Weite:
Licht über der See steigt ins
Gefühl von Ankunft.

Leichtigkeit

Kinder spielen im
Sand. In den Prielen bestaunt
sich die Sonne.

Nichts Festes...

Fußspuren im Sand,
Muscheln..., - leichtes Spiel für die
Macht der Gezeiten.

Profitpanoramapromenaden

                    Plattenbauten,
                    siebzehnstöckig: Bausünden
                    mit Fernblick zum Glück.

        Abendröte

        Abschiedsminuten
        am Meer. Die Sonne trägt ihr
        Werk in die Wolken.

Menschen

Wir, wie Bilder in
den Wolken, die Krone des
Schaums auf den Wellen.

Geschmack

Wolken und Sturm an
der See. So liebe ich es.
Salz in den Zeiten.

Singularität

Ein jedes Ding wird
eigen, wenn man es im Licht
der Stille bestaunt.

Egal ist auch gut

Du kannst die Welt nicht
alleine retten. Etwas
Gleichmut bringt Frieden.

Erholung

Meerrauschen beruhigt.
Ich schlief traumlos schön in der
Obhut der Dünen.

Transformation

Letzter Tag am Meer:
Doch wir sehen uns wieder,
anderswo - im Tau.

Aurora

Ein neuer Tag im
Blick: Das Fenster umrahmt die
Röte des Morgens.

Weisheit des Meers

Wie man Demut lernt?
    Die Unendlichkeit treffen -
        als Sterblicher am Meer.

„Pro patria, pro rege"

Kriegsgräber: Narben!
Mahnmale ans Mögliche
und das Absurde.

Numinoses

Regen am Fenster:
Herbststimmung mit Seiten
zur Frage nach Gott.

In der Küche

Der Wasserhahn tropft,
        mein Herz schlägt – Seinsverschränkung.
Taktung der Stille.

Abschied

Kalte Augustnacht:
der Mond wirft den Schatten der
Äste ins Feuer.

Zeitpunkt

Die Gedichte
enden wie dieses Jahr der
Sommer im August?

Zwielicht

Die Kinder spielen
im Garten und ihm stellt
sich der Tod vor.

Augenblickstreue

Die Nacht denken? Es
gäb` Gründe. Doch die Wolke
verdient Beachtung.

Am Bachlauf

Plätschern des Wassers, -
wie immer: schön angeschmiegt
an Stille und Stein.

Dreischritt

Kämpfe, genieße
und übe den Abschied. Denn:
Dauer ist Täuschung.

Die hohe Hälfte

Jedes Leben hat
seinen Sommer und Mittag. -
Doch wer weiß schon wann?

Momentsmusik

Jede Lage spielt
ein Lied. Es zu finden...-
Zufall und Kunst.

Stille Stunde

Der Mond im Teich,
ein Gespräch in der Ferne.
Mitternachtsstille.

In später Sommerfrüh

Die Morgensonne
erleichtert den Tau. Nebel steigt
aus den Gräsern.

Aura des Abends

Im Abendrot sitzt
er mir gegenüber-
gezeichnet vom Krebs!

Zeichen

Allein unterwegs.
Die Sonne schimmert durchs
Kargholz - als Hoffnung…

Verschiedensein

Die Toten? Ich seh`:
in allem lebt und tanzt ein
Teil von ihnen fort.

Eingeständnisse

Wer die Stille kennt,
der kennt oft auch sich. Denn die
Einsicht liebt Abkehr.

7:04 Uhr im Auto

Ein Blick auf die Uhr:
Just hier und jetzt zwischen zwei
endlosen Zeiten.

Restsommer

Abschied im Garten:
Der kahle Kirchbaum leuchtet
rot im Abendlicht.

Stadtstimmung

Ein Gedicht an der
Hauswand. Wind atmet durchs
Treiben der Straße.

Lehre der Wolken

Gedanken kommen und
gehen. Gutes tut sich, wer
sie auch ziehen lässt.

Verlautbarung des Schweigens

Ich horche müde
in die Stille und breche
fast zum Schweigen durch.

Methode

Bei Regen: Musik
an und im Hirninnenraum
ins Freie tanzen.

Sinnenlose Welt

Die Sonne, dies Blatt...
wie sie wohl schienen, ginge
ich diesen Weg nicht?

Unsichtbares Haiku

Spuren in spe